BEI GRIN MACHT SICH IHR WISSEN BEZAHLT

- Wir veröffentlichen Ihre Hausarbeit,
  Bachelor- und Masterarbeit

- Ihr eigenes eBook und Buch -
  weltweit in allen wichtigen Shops

- Verdienen Sie an jedem Verkauf

Jetzt bei www.GRIN.com hochladen und kostenlos publizieren

Planung, Durchführung und Evaluation der Videotutorial-Serie "Notenlesen leicht gemacht". Reflektierende Dokumentation

Petra Amasreiter

Bibliografische Information der Deutschen Nationalbibliothek:

Die Deutsche Nationalbibliothek verzeichnet diese Publikation in der Deutschen Nationalbibliografie; detaillierte bibliografische Daten sind im Internet über http://dnb.d-nb.de abrufbar.

ISBN: 9783346321244
Dieses Buch ist auch als E-Book erhältlich.

© GRIN Publishing GmbH
Nymphenburger Straße 86
80636 München

Druck und Bindung: Books on Demand GmbH, Norderstedt Germany
Gedruckt auf säurefreiem Papier aus verantwortungsvollen Quellen

Das vorliegende Werk wurde sorgfältig erarbeitet. Dennoch übernehmen Autoren und Verlag für die Richtigkeit von Angaben, Hinweisen, Links und Ratschlägen sowie eventuelle Druckfehler keine Haftung.

Das Buch bei GRIN: https://www.grin.com/document/973994

Reflektierende Dokumentation

über die Planung, Durchführung und Evaluation des Projektes:

Videotutorial-Serie „Notenlesen leicht gemacht"

Modul 3B

„Praxis der Mediendidaktik"

Angefertigt im B.A. Bildungswissenschaft

an der FernUniversität in Hagen

von

Petra Amasreiter

Inhaltsverzeichnis

Abkürzungsverzeichnis

DO-ID   Decision Oriented Instructional Design

ID   Instruktionsdesign

OER   Open Educational Ressources

PM   Projektmanagement

QM   Qualitätsmanagement

Abbildungsverzeichnis

Tabellenverzeichnis

1 Einleitung

Im Rahmen des Studiengangs Bachelor Bildungswissenschaften an der FernUniversität Hagen ist ein Praktikumssemester vorgesehen (FernUniversität Hagen, 2017b, S.5), das den Studierenden Einstiege in die Berufswelt bieten und ihnen im Rahmen eines eigenständig durchgeführten bildungswissenschaftlichen Projektes die Möglichkeit zum Transfer der bisher erarbeiteten theoretischen Inhalte geben soll (FernUniversität Hagen, 2017a, S.21). Die vorliegende Arbeit befasst sich als reflektierende Dokumentation mit der Planung und Durchführung des Praktikumsprojektes „Videotutorial-Serie Notenlesen leicht gemacht" (siehe Abb. A1, Anhang A, S.22) sowie der kritischen Auseinandersetzung mit den Ergebnissen und Erfahrungen daraus. Dabei wird nach einer kurzen Beschreibung der Praktikumsstelle die zu absolvierende Aufgabe vorgestellt und theoretisch im Rahmen der Bildungswissenschaft verortet (Kapitel 2.1). Für den Praktikumsablauf war das Projektmanagementmodell DO-ID und seine Phasen nach Niegemann und Kollegen (Niegemann, Schatta & Müller, 2016, S.82) handlungsleitend (Kapitel 2.2), das für die motivationale Komponente durch das zusätzlich eingebundenen ARCS-Model nach Keller (2010, S.24) ergänzt wurde. Die Erstellung und Bearbeitung der Videoserie als OER-Bildungsmaterialien folgte dabei auf theoretischer Basis einerseits den pragmatischen Ansätzen von „Low Coast" (Klebl, 2016, S.166) und „Low Tec" (Klebl, 2016, S.171-173), andererseits den sechs Prinzipien multimedialen Gestaltens nach Mayer (in Niegemann 2016 et al., S.75); beides wird in Kapitel 2.3 dargelegt. Anschließend wird das eigene professionelle Handeln im Kontext des Projektes und in Bezug zu pädagogischer Kompetenz betrachtet und die Umsetzung der Theorie in die Praktikumsaufgabe kritisch bewertet (Kapitel 2.4). Kapitel 2.5 thematisiert Qualitätsmanagement in Abgrenzung zu Evaluation sowie die abschließende Beurteilung des Projektes. Der zur Praktikumsreflexion geführte studentische Blog über die ePortfolio-Software Mahara (FernUniversität Hagen, 2017a, S.22) und das gegenseitige Feedback innerhalb der Gemeinschaft der Mitstudierenden sind Gegenstand des vorletzten Kapitels, während am Ende noch einmal die Ergebnisse der Dokumentation zusammengefasst werden und ein Ausblick auf zukünftige Vorhaben erfolgt.

2 Praktikumsreflexion

Das in dieser Arbeit reflektierte Praktikum befasste sich mit der Erstellung von Bildungsmaterial als Open Educational Ressources (OER) in Form von kurzen Videotutorials, die das Thema „Notenlesen leicht gemacht" behandeln. Bildungstheoretisch korrespondiert das Praktikumsthema mit den kognitivistische Ansätzen der Cognitive Load Theory (Chandler & Sweller, 1991, S.293) und dem SOI-Modell nach Mayer (Mayer & Moreno, 2003, S.44), worauf im Folgenden noch eingegangen wird (Kapitel 2.1).

2.1 Praktikumsstelle

Die Praktikumsleistung wurde zusätzlich zu einer regulären Lehrtätigkeit an der praktikumsgebenden Musikerziehungsstätte über einen Zeitraum von fünfzehn Arbeitstagen, verteilt auf den Zeitraum zwischen 30. April und 30. September 2017, erbracht, und ist dem Bildungsbereich des non-formellen Lernens zuzuordnen (Kommission der EU, 2000, S.9). Im zeitlich begrenzten wöchentlichen Einzel- oder Gruppenunterricht kann auf Schüler mit Notenleseproblemen oftmals nicht hinreichend eingegangen werden. So wurde in Übereinstimmung mit dem Kollegium der als Verein organisierten Musikschuleinrichtung vereinbart, Materialien zu erstellen, die das Lesen von Tonhöhen in der Notenschrift bildhaft umsetzen und erläutern sowie Gelegenheit zum Vertiefen und Üben bieten sollen. Diese Kurzanleitungen in Videoform sollten mit eigenen technischen Mitteln produziert und über die Plattform YouTube kostenfrei zur Verfügung gestellt werden; eine Verlinkung über die Homepage des Praktikumsgebers sollte den Musizierenden die Inhalte zugänglich machen und zugleich als „Werbung in eigener Sache" dienen. Der Produktion der Videos ging eine Auseinandersetzung mit Phänomenen menschlicher audiovisueller Wahrnehmung voraus. Die dazu herangezogene kognitive Theorie der Informationsverarbeitung nach Mayer (in Mayer & Moreno, 2003, S.44) soll hier kurz vorgestellt werden.

In der kognitionspsychologischen Forschung beschäftigt sich Mayer mit der Informationsverarbeitung im menschlichen Gedächtnis unter Rückgriff auf die Theorie der Dualen Codierung nach Paivio, die Cognitive Load Theory nach Chandler und Sweller und die Working Memory Theory nach Baddeley (Mayer & Moreno, 2003, S.44). Dabei geht er davon aus, dass wahrgenommene Informationen getrennt im sogenannten Arbeitsgedächtnis verarbeitet werden: Durch Hören aufgenommene im auditiven, durch Sehen aufgenommene im visuellen Kanal (Mayer & Moreno, 2003, S.44). Diese Annahme wird nun der Analyse von Lehr- und Lernprozessen im Multimediabereich zugrunde gelegt und mit den dabei ablaufenden Wahrnehmungsprozessen verknüpft:

Abb. 1: SOI–Modell nach Mayer (2001). In: Niegemann et al. (2016), S. 72

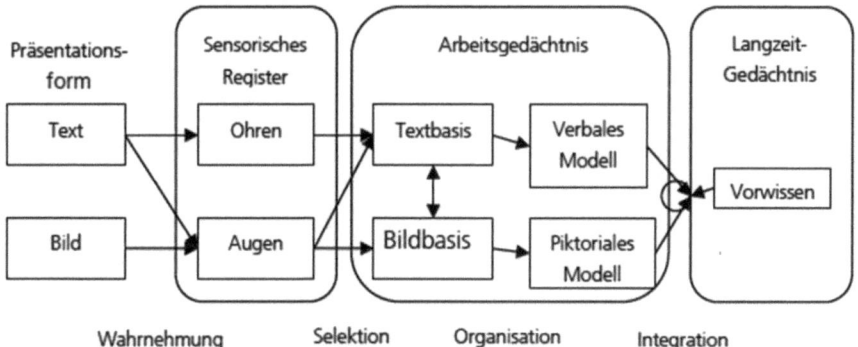

In seinem Modell unterteilt Mayer den Prozess der Verarbeitung von sensuell aufgenommener Information innerhalb des Arbeitsgedächtnisses in die drei Stufen Selektion, Organisation und Integration (SOI). Die getrennte Verarbeitung auditiver und visueller Signale erfolgt über zwei unterschiedliche Kanäle, die in ihrer Verarbeitungsleistung begrenzt sind (Mayer & Moreno, 2003, S.44; Niegemann, et al., 2016, S.72-73); gleichzeitig sind also nur eine bestimmte Anzahl von Verarbeitungsschritten möglich, bevor eine Überlastung (engl. Cognitive Overload, Sweller & Chandler, 1991, S.296) auftritt. Die Informationsverarbeitung umfasst fünf Typen von Gedächtnisleistungen: Die Auswahl von als relevant eingestuften Wörtern (1) und Bildern (2), die Modellierung der verbalen (3) und visuellen (4) Inhalte sowie die Verknüpfung beider Modellstrukturen und der Einbindung bereits im Langzeitgedächtnis gespeicherter Informationen (5). Um eine kognitive Überlastung und damit die Blockierung von Lernprozessen zu verhindern, ist bei der Konzeption von multimedialen Lernmaterialien auf die Trennung von verbalen und visuellen Inhalten zu achten. Ebenso darf die Aufmerksamkeit nicht durch für den Lernprozess unwesentliche Signale (Animationen, Hintergrundmusik etc.) überbeansprucht werden (Niegemann et al., 2016, S.73-74). Aus diesen Erkenntnissen leitet Mayer seine sechs Prinzipien multimedialen Lernens ab (Niegemann et al., 2016, S.75-76), die in der didaktischen Umsetzung bei der Videoreihe „Notenlesen leicht gemacht" zur Anwendung kamen und in Kapitel 2.3 erläutert werden.

2.2 Planung: Das Decision Oriented Instructional Design Model (DO-ID)

Nach Chandler und Sweller (1991, S.296) ist gerade bei der Entwicklung von Lernmaterialien ein geordnetes Vorgehen bei der Gestaltung und Umsetzung bzw. Durchführung wesentlich (Niegemann 2004, S.19-20), um kognitiver Überlastung vorzubeugen. Darauf nehmen verschiedene Modelle des Instruktionsdesigns (ID) besondere Rücksicht (Mayer & Moreno, 2003, S.43-44); weswegen im Kontext dieser Arbeit auch ein ID-Modell zur Begleitung der einzelnen Projektphasen gewählt wurde.

Seit den 70er Jahren des vorigen Jahrhunderts entwickelten sich vor allem im englischsprachigen Raum verschiedene ID-Modelle. Dabei verbinden diese Modelle lerntheoretische Ansätze aus der Psychologie und didaktische Vorgehensweisen aus den Erziehungswissenschaften, die zur systematischen Gestaltung von mediengestützten Lernumgebungen herangezogen werden. Instruktion bedeutet, die jeweilige Gestaltung der Lernangebote zum Einen an die Art von Lernaufgaben und –zielen, zum Anderen an die Lernenden inklusive ihrer Lernvoraussetzungen anzupassen; somit ist nicht eine bestimmte Methodik, sondern jener Prozess der Anpassung der Lerneinheiten an die jeweilige Lernsituation und ihre grundlegenden Rahmenbedingungen gemeint (Niegemann, 2004, S.19-22).

Um Entscheidungen im ID-Prozess nach wissenschaftlich fundierten und empirisch gestützten Kriterien durchzuführen sowie ihre Abfolgen und Rückbezüge in Beziehung zu setzen, entwickelten Niegemann und Kollegen an der Universität Erfurt ein „Entscheidungsorientiertes Instruktionsmodell" (Amann et al., 2015, S.4). Das sogenannte „Decision Oriented Instructional Desing Model" (DO-ID) greift dabei ein Muster von verschiedenen Designebenen auf, wie es sich z.B. in der Architektur, aber auch in der Software-Entwicklung als hilfreich erwiesen hat – stets ist die Grundlage der Konzeption eine Entscheidungsstruktur (Niegemann, et al., 2016, S.82). Dabei stehen die über- und untergeordneten Ebenen im Designprozess in einer wechselseitigen Beziehung; daraus folgt, dass jede Entscheidung die nachfolgenden Prozesse und Entscheidungen der darunterliegenden Ebenen beeinflusst und einschränkt, ebenso aber auch wieder Rückwirkungen auf die übergeordneten Entscheidungsfelder zeitigt (Amann et al., 2015, S.5). Aufgrund dieser logisch-systematischen Entscheidungsstruktur, die eine laufende Anpassung an technische und gestalterische Prozesse möglich

macht, wurde das DO-ID-Modell für die Begleitung des Praktikums und die Umsetzung der Videotuorials ausgewählt.

Abb. 2: Das DO-ID-Modell, eigene Darstellung nach Niegemann et al., 2008, S. 85

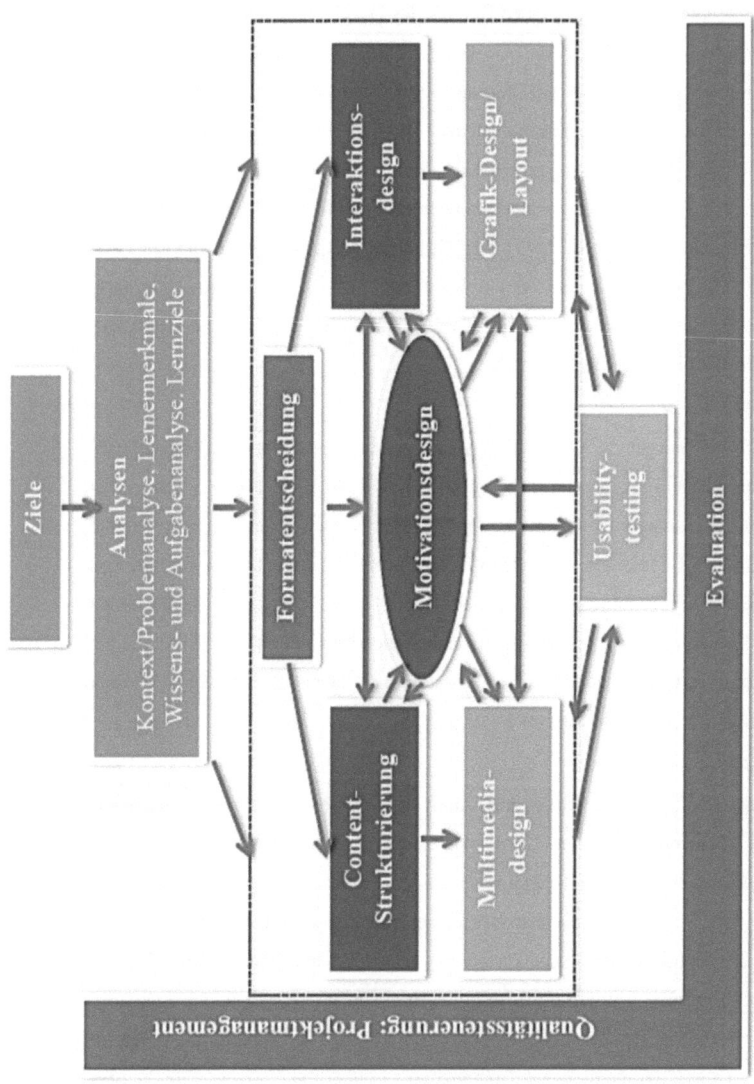

Das DO-ID-Modell lehnt sich an die fünf namensgebenden Kategorien (Analyse, Design, Development, Implementation, Evaluation) des ADDIE-Modells von Gagné (1985) an (Niegemann, 2004, S.22-25), wobei bei multimedialen Entwicklungsprozessen die Schritte Design, Development und Implementation nicht trennscharf sind, sondern miteinander wechselwirken. Daher sind sie im DO-ID-Modell auch dem großen Bereich des Design eingegliedert, wobei Teile der Implementation im Schritt „Usability-Testing" vollzogen werden. Hier können Fehler beseitigt und Optimierungsmöglichkeiten erkannt und ausgeschöpft werden. Ein Evaluationsprozess ist im Anschluss vorgesehen. Allerdings verzichtet dass DO-ID-Modell auf eine detailliertere Vorgehensweise; hier müssen zusätzliche Verfahren der Evaluation oder des Qualitätsmanagement herangezogen werden (Amann et al. S.5-7). Die Abbildung zeigt die Abfolge der Entscheidungen und ihre wechselseitigen Abhängigkeiten; in den folgenden Unterkapiteln wird der praktische Bezug zum Praktikumsprojekt in den einzelnen Schritten des DO-ID-Modells hergestellt.

2.2.1 Ziele

Durch die Vorgaben der Praktikumsstelle waren die **Ziele** der Bildungsmaßnahme klar vorgegeben: erkennbare Defizite von Musizierenden bei der grafischen Erkennung von Tonstufen in gedruckten Noten sollten abgebaut werden. Mittels OER-Materialien in Form von Videotutorials sollte die Darstellung von Tonhöhen in der Notenschrift veranschaulicht und erklärt sowie das Erkennen und Lesen geübt und vertieft werden. Die Videosequenzen sollten dabei auf ein kostenfrei zugängliches Portal hochgeladen und über die hauseigene Website verlinkt werden (siehe Kapitel 2.1).

2.2.2 Analysen

Die im zweiten Schritt erfolgenden Analysen befassen sich mit der **Zielgruppe**, dem **Lernumfeld** und den **Lernerwartungen** (Niegemann et al., 2008, S.87-88). In diesem Fall sind die Zielpersonen der Praktikumsmaßnahme Laienmusizierende, die ihre Kenntnisse im Notenlesen vertiefen wollen. Die Beschäftigung mit der Musik erfolgt in der Freizeit; es geht hier nicht um ein Erlangen von Expertenwissen, sondern um eine freiwillige, von Interesse geleitete Auseinandersetzung mit der Musiktheorie, in dem das von den Musiklehrkräften identifizierte Defizit der mangelnden Tonhöhenvorstellung und Notenlesefähigkeit behoben werden sollte. Die Videosequenzen sollen Anleitung zur Selbsthilfe und zum vertiefenden Üben bieten. Da die Materialien als OER offen zugänglich sind, kann die Gruppe der Lernenden nicht näher bestimmt werden; die Zusammensetzung ist hinsichtlich der Altersstruktur, des Vorwissens und der instrumentalen Fähigkeiten heterogen. Auch spielt die Art des Instruments und der Grad der Spielfertigkeit in diesem Kontext keine Rolle. Deswegen wird bei den Lernvoraussetzungen nur von einem Grundwissen über die Musik und ihre theoretischen Grundlagen ausgegangen, wie es im instrumentalen Anfangsunterricht erworben wird.

Die **Bedarfsermittlung** (Niegemann et al., 2016, S.20) erfolgte einerseits durch **Beobachtung** durch die Lehrkräfte des Praktikumsgebers, andererseits durch Anfragen vonseiten der Musizierenden, die ihre Notenlesefähigkeit verbessern wollten (**subjektiver Bedarf**). Ebenso wurden diesbezüglich Defizite festgestellt, die beim Musizieren im Ensemble oder Schulorchester im Vergleich mit Mitspielenden auffielen (**relativer Bedarf**).

Um die verschiedenartigen Anforderungen beim Vorgang des Notenlesens zu analysieren, wurden zunächst **Lehrziele** gemäß den Dimensionen von Bloom, Krathwohl und Kollegen 1975 (in Niegemann et al. 2016, S. 23.24) herangezogen, wie in Tabelle 1 beschrieben:

Tab. 1: Lehrziele und ihre Relevanz in der praktischen Umsetzung; eigene Darstellung, 2017

Lehrziele	Beschreibung	Relevanz für die Umsetzung
kognitiv	Intellektuelle Fähigkeiten Erinnern Wahrnehmen Gedächtnisleistungen Reproduzieren	Musiktheoretische Kenntnisse: *Kennen von Tonstufen und ihren Namen* *Aufbau einer Tonleiter* *Tonarten und Vorzeichen* Merken / Wiedererkennen von Tonfolgen Wahrnehmen von Halb- / Ganztonschritten Erkennen falscher Töne in der Tonfolge
affektiv	Gefühle Wertungen Einstellungen Haltungen Bereitschaft	Wunsch, die Notenlesefähigkeit zu verbessern Bereitschaft zum Hinhören Zulassen von Fehlern als Basis für Lernen durch Verbessern
psycho-motorisch	motorische handwerklich-technische manuelle manipulative Fertigkeiten	Nachspielen von Tonfolgen auf der virtuellen Tastatur und am Instrument

Notenlesen setzt sich damit zusammen aus der Trias von visuellem Eindruck (1), Umsetzung in eine Tonhöhenvorstellung (2) und physischer Reproduktion dieser Vorstellung am Instrument (3).

Zur **Wissensanalyse** wurden die notwendigen Kenntnisse und Fertigkeiten für das Lesen, Erkennen und Umsetzen von Tonhöhen aus dem Notenbild in vier Wissensarten (Niegemann et al. 2016, S. 29) untergliedert (Tabelle 2):

Tab. 2: Wissensarten und ihre Anwendung beim Notenlesen; eigene Darstellung, 2017

Wissensarten	Beschreibung	Anwendung beim Notenlesen
Deklarativ	*Faktenwissen in bildlicher oder verbaler Repräsentation*	- Wissen über Tonstufen und Tonhöhen - Stellung des Notenkopfs im Liniensystem als grafische Repräsentation
Prozedural	*Wenn-Dann-Regeln zur Handlungssteuerung*	Das Vorzeichen „#" führt zur Erhöhung der bezeichneten Tonstufe → man muss einen anderen Ton wählen/eine andere Taste drücken
Konditional	*Wissen über Zusammenhänge: Wann ist welche Regel anzuwenden?*	- Zusammenhang zwischen Tonart und Anzahl der Vorzeichen - Regelmäßige Anordnung der Halb- und Ganztonschritte innerhalb einer Tonleiter - Tonleiter als Grundgerüst für Ton- und Melodiefolgen
Negativ	*Fehlererkennung und Verbesserungsstrategien*	- Erkennen „falscher" Töne und Verbessern durch korrekte Vorzeichensetzung

Diese Einteilung bildet die Basis für den Ablauf der Video-Sequenzen.

Tab. 3: Ablaufplan für das Storyboard zu den einzelnen Videosequenzen; eigene Darstellung

1.	Benötigtes deklaratives Wissen wird durch Erklärungen und Farbtabellen bzw. grafischen Darstellungen eingeführt
2.	Die prozedurale Umsetzung wird an einer Tastensimulation vorgeführt.
3.	Die Anwendung der zugehörigen musiktheoretischen Regeln wird erklärt.
4.	Bekannten Tonfolgen sind zu erkennen, falsche Töne zu verbessern.

Der Ablaufplan in Tabelle 3 liegt auch dem Storyboard zugrunde, das für die Videoproduktion erstellt wurde (Kapitel 2.3).

Die **Formatentscheidung** wurde schon durch die Praktikumsvorgaben getroffen (Kapitel 2.1): Die Videosequenzen folgen dem Format **eLecture** (Niegemann et al., 2016, S. 85). Zu den jeweiligen Inhalten wurden Präsentationsfolien als Grundlage erstellt, die dann als Vorlesungen aufgezeichnet wurden und in die Aufgabenstellungen zur Selbstkontrolle und zum eigenständigen Üben eingebettet wurden.

2.2.3 Design

Bei Videosequenzen, die als OER zur Verfügung stehen, ist ein nachträgliches Eingreifen in den Lehr- und Lernprozess nicht möglich; daher muss die motivationale Komponente unbedingt während des gesamten Produktionsprozesses handlungsleitend sein – darauf verweisen neben Keller (2010, S.24) auch das DO-ID- Modell, das Motivationsdesign in sei Zentrum stellt (siehe Abb.2, S.5). Dazu wird in dieser Arbeit zum Projektmanagementmodell DO-ID für diesen zentralen Aspekt noch das **ARCS-Modell** nach John Keller hinzugezogen. Es zielt darauf ab, durch die vier psychologische Kategorien Aufmerksamkeit (engl. „attention"), Bedeutsamkeit (engl. „relevance"), Zuversicht (engl. „confidence") und Zufriedenheit (engl. „satisfaction") die Aufrechterhaltung von Lernmotivation zu bestärken (Keller, 2010, S.45). Aus dieser Grundstruktur leitet Keller Prozessfragen für die einzelnen Kategorien ab, durch deren Beantwortung die motivationalen Aspekte in die Lernprozesse Eingang finden. In der linken Spalte werden dabei diese Prozessfragen angeführt; die rechte Spalte zeigt in Form der Antworten dann die Anweisung für die praktische Umsetzung in den Videosequenzen auf:

Tab. 4: Prozessfragen und ihre praktische Umsetzung; eigene Darstellung, 2017

Prozessfragen	Eigene Umsetzung
Motivationale Kategorie: Aufmerksamkeit (A) gewinnen und aufrechterhalten	
Wie kann ich - die Aufmerksamkeit der Lernenden erlangen? - sie zu eigenen Erkundungen animieren? - ihre Aufmerksamkeit aufrechterhalten? (Keller, 2010, S. 47)	- Motivierendes Intro mit kurzer Inhaltsangabe - Nachspielübungen und eigenes Ausprobieren forcieren - Rätselaufgaben stellen
Motivationale Kategorie: Bedeutsamkeit (R) - Ziele/Bedürfnisse der Lernenden	
Wie kann ich - an ihre Bedürfnisse anknüpfen? - ihnen am Besten Wahl- und Einflussmöglich- keiten sowie Eigenverantwortlichkeit ein- räumen? - an ihre Erfahrungen des Lerners anknüpfen? (Keller, 2010, S.48)	- Verweis auf Problem: „Tonhö- henerkennung und Vorzeichen" und auf die Vorteile, die das si- chere Beherrschen für das In- strumentalspiel bringt - Nutzung bekannter Melodien - Rückgriff auf basale Kenntnisse des Notenlesens
Motivationale Kategorie: Zuversicht (C) - Erfolgserwartung und Selbstver- **trauen**	
Wie kann ich - eine positive Erfolgserwartung unterstützen? - ihren Glauben an die eigene Kompetenz un- terstützen oder erhöhen? - ihnen klar vermitteln, dass Erfolg auf eigenen Anstrengungen und Fähigkeiten beruht? (Keller, 2010, S.50-51)	- Beginn mit leichten Aufgaben - Komplexität langsam steigern - durch einfache Lösungen Er- folgserlebnisse ermöglichen - „AHA-Effekt" durch grafische Veranschaulichung innerer Hör- und Tonvorstellungsprozesse
Motivationale Kategorie: Zufriedenheit (S) – Belohnung, Verstärkung, Antrieb	
Wie kann ich - Gelegenheit zur Anwendung des neuerworbe- nen Könnens/Wissens bieten? - sie im Lernerfolg bestärken? Wie können positive Gefühle bezüglich ihrer Leistung verankert werden? (Keller, 2010, S.52-53)	- Ausprobieren, Nachspielen und „Entziffern" von Melodien an ei- nem Online-Tastensimulator - Komplexitätssteigerung der Auf- gaben - Auflösung der Rätsel; Lob bei richtiger Lösung; Verweis auf Wiederholungsmöglichkeit bei falscher Lösung

Die Ergebnisse dieser Prozessfragen lieferten dann die Vorgaben für die **Content-Strukturierung**: Die Videosequenzen von maximal fünf Minuten Länge sollten aufeinander aufbauen und im Schwierigkeit von sehr leicht bis mittelschwer ansteigen. Dabei sollten jeweils Rückbezüge zu bereits Gelerntem, also zur eigenen Wissensbasis im Bereich der Musiktheorie und zu instrumentalen Fertigkeiten der Lernenden, hergestellt werden. Dem wurde im

Multimediadesign durch den Einsatz verschiedener Medien Rechnung getragen:

Tab. 5: Medieneinsatz; eigene Darstellung, 2017

Medium	Beschreibung	Nutzen für die Lernenden
Tastensimulator	Per Hyperlink in zusätzlichem Bildschirmfenster	Erfahrung der Verbindung von Taste und Tonhöhe durch eigene Praxis
programmiertes Farbklavier	Per Hyperlink in zusätzlichem Bildschirmfenster	Durch Anklicken von farbigen Notenköpfen können die zur Grafik zugehörigen Tonstufen hörbar gemacht werden
Einheitlicher Aufbau aller Videos	Gemeinsames Intro + Outro für alle Videosequenzen	optisch-akustische „Klammer" Wiedererkennungswert Zugehörigkeitsgefühl
PowerPoint Folien	Grafische Umsetzung der Inhalte	Veranschaulichung innerer Hör- und Merkprozesse

Um Rückmeldung vonseiten der Lernenden zu ermöglichen, wurden die Videosequenzen auf der Plattform YouTube eingestellt, die über die Kommentarfunktion die Gelegenheit dazu bietet, aber auch den Austausch der User untereinander zulässt, so dass sich eine Lerngemeinschaft bilden kann. Ebenfalls im Bereich des **Interaktionsdesigns** (Niegemann et al., 2016, S.88-91) ist die Produktionsweise anzusiedeln: die eLectures wurden über eine Screencast-Software aufgezeichnet, so dass die Lernschritte, die mittels Tastensimulation oder Farbklavier vorgezeigt werden, über den sichtbaren Mauszeiger und passende Erläuterungen für die Lernenden nachvollziehbar werden. Hierauf wird genauer in Kapitel 2.3 (S.15-17) bei der Erläuterung der Durchführung des Projekts eingegangen.

2.2.4 Usability-Testing

Der einfache Zugang zu OER wurde über die Plattform YouTube gewährleistet. Über die Verlinkung auf der Homepage des Praktikumsgebers sind die Videos leicht auffindbar. Sie sind von allen mobilen Endgeräten leicht abzurufen; auch die zusätzlichen Medien sind via Hyperlink über allgemein gebräuchliche Webbrowser erreichbar. Die Lernenden benötigen lediglich einen Internetzugang, einen Webbrowser und ein Endgerät, über das Audio und Video dargestellt werden können, sowie Grundkenntnisse im Umgang damit. Durch die serielle Anordnung der Videos in einer Playlist wird ein automatisches Abspielen in der richtigen Reihenfolge ermöglicht. Die Videosequenzen sind nummeriert, mit kurzen Inhaltsangaben versehen und verschlagwortet; ein einheitliches Layout sowie immer gleiche Filmabschnitte am Anfang und am Ende (Intro/ Outro) erleichtern die Wiedererkennung. Die Funktionalität wurde auf verschiedenen Endgeräten (Laptop, Tablet, Smartphone) auf Bild- und Tonqualität, Nutzerfreundlichkeit und Benutzerführung getestet.

2.2.5 Evaluation

Das DO-ID-Modell lässt das Prozedere für den Evaluationsprozess offen (siehe Kapitel 2.2, S.7), daher wurde hier auf die Vorgehensweise nach Balzer, Frey und Nenninger zurückgegriffen (1999, S.395-399). Eine geordnete Stufenfolge sieht vor, dass erst die Beschreibung des zu evaluierenden Objekts, dann die Bestimmung der Evaluationsziele erfolgt. Daran schließen sich Evaluationsplanung, Datenerhebung sowie Zusammenfassung der Ergebnisse an. Aus deren Bewertung können Konsequenzen gezogen und Entscheidungen begründet werden (Balzer et al., 1999, S.395-399). Auf die Kriterien zur Auswahl dieser Evaluationsmethodik sowie die theoretischen Hintergründe geht Kapitel 2.5 (S.16) ein.

In der vorliegenden Arbeit ist die zu evaluierende Maßnahme der Video-Kurs „Notenlesen leicht gemacht", der 36 Kurzvideos auf YouTube enthält. Die Fragestellung zur Zielsetzung lautet „Erleichtert der Videokurs den Teilnehmenden die Erkennung von Tonhöhen im Notenbild und die Umsetzung zu innerer Tonvorstellung bzw. zum instrumentalen Nachspielen?" Da bei öffentlich und kostenfrei zugänglichen Materialien die Nutzergruppe nicht fassbar und beobachtbar gemacht werden kann, wurden Testpersonen zur Videonutzung befragt, die folgenden Personengruppen angehören: (A) Personen, die ein Instrument erlernen, (B) Personen, die nicht (oder nicht mehr) aktiv musizieren, (C) Personen, die sich als Pädagogen mit der Vermittlung von Musik befassen. Als Kriterien der Befragung wurden (1) technische Umsetzung, (2) Verständlichkeit, (3) didaktische Umsetzung, (4) thematische Zerlegung und (5) Motivation festgelegt. Die Daten wurden je nach Verfügbarkeit der betroffenen Personengruppe mittels offener Interviews per Telefon, per email oder im Vieraugengespräch erhoben und tabellarisch ausgewertet (Tabelle B1, Anhang B, S.23).

Die Umsetzung der Evaluation wurde mittels praxisorientierter Selbstevaluation durchgeführt (Balzer et al., 1999, S.402-403) und dient zugleich der Entwicklungsorientierung für weiterführende Verbesserungen. Gerade aus der Kritik an der Unübersichtlichkeit mehrerer Bildschirmfenster und der nicht optimalen

Einbindung der Hyperlinks wurde in Folge der Evaluationsergebnisse erwogen, den Videokurs auf einen MOOC (Massive Open Online Course) zu erweitern, der als Basis die Videos, daneben aber noch Zusatzmaterial (Farb- und Notentafeln zum Ausdruck) und besser erreichbare Verlinkungen (Tastensimulator, Farbklavier) enthalten soll. In diesen online-Kurs sollten künftig auch ein System der Fortschrittsanzeige und Badges (online-Abzeichen) für absolvierte Testfragen zur Fortschrittsbewertung sowie ein Evaluationsbogen mit offenen und geschlossenen Fragen implementiert werden. Durch die Beschränkung auf ein abgegrenztes Projektvorhaben handelt es sich um eine Mikroevaluation (Balzer et al., 1999, S.404), die sich am Output der Maßnahme orientiert. Die Befragungen nach Projektteilnahme weisen auf eine extrinsische, summative Evaluation hin (Balzer et al., 1999, S.406-407). Durch die Weiterverwendung der Ergebnisse für Erweiterungen des Projekts wandelt sich der Evaluationstyp hin zur Prozessevaluation (Balzer et al., 1999, S.406).

Die offene Befragung der Teilnehmenden brachte bisher kaum bedachte Aspekte zutage. Daher war die Form qualitativer Interviews gut geeignet, um den Verbesserungsprozess anzuregen. Eine quantitative Erhebung mit ausreichend großer Stichprobe steht noch aus, um verlässliche Ergebnisse über Lernfortschritte, Motivationsentwicklungen und Veränderungs- oder Nachbesserungsbedarf zu generieren. Dies sprengt allerdings den zeitlichen Rahmen des Praktikums.

2.3 Theoretische Fundierung der Durchführung

Bei der konkreten technischen Umsetzung der Videosequenzen wurde auf die pragmatischen Ansätze „Low Coast" (kostengünstige Produktion und Implementation von Materialien) bzw. „Low Tech" (mit einfachen technischen Mitteln zu erstellen und abzurufen) zurückgegriffen (Klebl, 2016, S.166, S.171-173). Das Praktikum folgte den drei Kriterien für Low-Budget-Produktionen und deren Übertragung auf Multimediaproduktionen nach Berlinger und Suter (Klebl, 2016, S.173-175) durch den Einsatz kostengünstiger technischer (1) und Verwendung bereits vorhandener (2) Systeme und Materialien sowie Verzicht auf materielle Leistungsentgelte (3). Die These „Low Budget E-Learning führt zu besserem Lernerfolg" (Berlinger & Suter, 2002, zitiert in Klebl, 2016, S. 173) sollte hier in die Tat umgesetzt und daraus digitale Lernmedien als Ergänzung zum konventionellen Musikschulunterricht resultieren. Diese sollten pro Video fünf Minuten nicht überschreiten, so dass der Lernstoff didaktisch sinnvoll zerlegt, kompakt dargeboten und für den Nutzer jederzeit schnell abrufbar bereitstehen könne.

Zur Produktion und Nachbearbeitung wurde auf bereits vorhandene (MS Power-Point© für die Bild- und Textsequenzen, die Notationssoftware Finale 2006©, GarageBand© für die Tonbearbeitungen sowie iMovie© zum Videoschnitt) oder frei erhältliche Softwareprogramme (die Open-Source-Software Screen-O-Matic©) zur Aufzeichnung von Bildschirminhalten und auf eine Digitalkamera aus dem eigenen Besitz zur Videoaufnahme der Livesequenzen zurückgegriffen. Die Implementierung erfolgte durch Hochladen der Videosequenzen auf die Plattform YouTube und einer Verlinkung auf die (bereits bestehende) Website des Praktikumsgebers, so dass für das Webhosting keine zusätzlichen laufenden Kosten anfielen.

Wesentlich war hierbei auch die Beachtung rechtlicher Aspekte, sowohl beim Materialeinsatz als auch für die rechtliche Kennzeichnung der als OER zur Verfügung gestellten Medien (Niegemann et al., 2016, S.96-101).

Um Verletzungen des Urheberrechts auszuschließen, wurden die eingesetzten Texte selbst erstellt oder Volksliedern entnommen, die keinem Schutz unterliegen. Gleiches gilt für Audiomaterial, da nur eigens erstellte Tonaufnahmen von nicht geschützten Werken eingesetzt wurden. Die Noten- und Farbgrafiken wurden selbst erstellt; als grafische Elemente und Bilder wurden nur mit einer CC 0 1.0-Lizenz gekennzeichnete Dateien verwendet (CC Creative Commons, 2017a, o.S.,). In den Videos wurden keinerlei Persönlichkeitsrechte verletzt. Um die Zugänglichkeit im Sinne von OER und die Weiterverbreitung zu gewährleisten, wurden die Videos unter einer CC BY 2.0-Lizenz eingestellt und dürfen unter Namensnennung der Urheberin verwendet, bearbeitet und verbreitet werden (CC Creative Commons, 2017b, o.S.).

Als Richtlinien für den didaktischen Gestaltungsprozess (siehe Kapitel 2.2.2) dienten Mayers sechs Prinzipien für multimediales Lernen (Niegemann et al., 2016, S.75), als da wären die Prinzipien der Multimedialität (1), der Kontiguität (2), der Modalität (3), der Redundanz (4), der Kohärenz (5) und der Personalisierung (6).

Für das erste Prinzip wurden Grafiken mit einem Farb-Tonstufen-Modell eingesetzt, anhand dessen die Tonhöhen visualisiert wurden (Abb. C1, Anhang C, S.24). Gemäß dem Kontiguitätsprinzip (Niegemann et al., 2016, S.76) wurden Wort und Grafik sinnvoll untereinander platziert. Die ganze Videoserie hindurch wurde visualisierter Text sparsam verwendet (drittes Prinzip), um die im Video gesprochenen Erläuterungen zu Bildinhalten (Prinzip der Modalität) nicht zu unterlaufen (Niegemann et al. 2016, S.76). Auf Zusatzmaterial, das nicht unmittelbar dem Lernprozess dient (Kohärenzprinzip), wurde bewusst verzichtet (Niegemann et al. 2016, S.77), um Lernende nicht vom Nachvollzug der Übungssequenzen abzuhalten. Auch dem Personalisierungsprinzip (Niegemann et al. 2016, S. 79) wurde durch eine klare, leicht verständliche Sprache, die direkte Anrede in der DU-Form und durch stellenweise Einblendung der sprechenden Person ins Video Rechnung getragen.

Die Strukturierung der Lerninhalte wurde durch PowerPoint-Folien vorgenommen, die als Drehbuch für den Ablauf der Szenen fungierten und die grafische Basis (Darstellung von Notenbildern, Farbtabellen und Tasten) bildeten. Die Abfolge verlief hauptsächlich linear, beginnend auf der Tonleiter als Basismodell hin zu mehr Komplexität in Form von hinzukommenden musikalischen Vorzeichen, weiteren Tonarten und in der Schwierigkeit ansteigenden Melodien (Niegemann et al., 2016, S.88). Dazu wurden auch Leitfragen eingesetzt, wie z.b. nach dem Erkennen und Benennen einer nach Farbtabelle gespielten Melodie (Abb. C2, Anhang C, S.24).

Gemäß den psychologisch-didaktischen Zielkategorien nach Oser und Baeriswyl (in Niegemann et al., 2017, S.88) wurden die Vorzeichen „#" und „b" erläutert (Abb. C3, Anhang C, S.24) und ihre praktische Anwendung anhand von Positiv- und Negativbeispielen dargestellt, indem eine bekannte Melodie erst mit einem Fehler vorgespielt, dann durch eine Suchfrage auf den falschen Ton hingewiesen und danach die korrigierte Fassung gespielt wurde. Durch Vorgabe von Farbtafeln ohne Liedtext erhielten die Lernenden konkrete Aufgaben im Sinne einer Problemstellung (Niegemann et al., 2016, S.88), deren Lösung durch Nachspielen auf einer virtuellen Tastatur herauszufinden war. Die Auflösung erfolgte dabei jeweils anhand des Liedtextes im darauffolgenden Video.

2.4 Professionelles Handeln und der Theorie-Praxis Transfer

Im Folgenden sollen nun die Erfahrungen aus dem Praktikum in Bezug auf das eigene professionelle Handeln reflektiert werden. In der Erwachsenen- und Weiterbildung werden nach Nieke (2002, S.15) vier Kategorien von Kompetenz als wesentlich erachtet: die Sach- bzw. Fachkompetenz, die Kompetenz der Methoden, die Sozial- und sie Selbstkompetenz. Für pädagogisch Tätige spezifiziert Nieke den Kompetenzbegriff und verlangt von professionell

Handelnden die Fähigkeit zur sachgerechten Aufgaben-bewältigung, das Verantwortungsbewußtsein im Sinne von Pflichterfüllung und eine Selbstverpflichtung zur Berufsethik (2002, S.16). Für das professionelle pädagogische Handeln sind zusätzlich noch höhere Maßstäbe anzusetzen, die dem Menschenwohl und nicht ökonomischen Kriterien verpflichtet sind.

Berufliche pädagogische Kompetenz kann sich nur entfalten, wenn die Akteure sich im Denken, Fühlen und Handeln vier Komponenten bewußt machen und als handlungsleitend annehmen (Nieke, 2002, S.17): die Gesellschaftsanalyse (1), die Situationsdiagnose (2), die Selbstreflexion (3) und das professionelle Handeln (4).

Während des Praktikums zu „Notenlesen leicht gemacht" wurden diese vier Komponenten als Reflexionsgrundlage des eigenen Handelns zugrunde gelegt:

Zu (1): Jedes pädagogische Handeln vollzieht sich als Teil gesellschaftlicher Realität und muss darin eingebunden – auch kritisch – betrachtet und hinterfragt werden (Nieke, 2002, S.17). Auch eine Bildungsinstitution wie z.B. eine Musikschule ist kein in sich geschlossenes System, sondern in Wechselwirkung mit der jeweiligen Zeit, den politischen und sozialen Umständen und den darin wirkenden Menschen. In der Umsetzung der Lehrvideos als OER-Materialien kommt der Anspruch an freien Zugang zu Bildung zum Tragen, auch für Menschen, die sich Einzelunterricht am Instrument vielleicht nicht leisten können.

Zu (2): Die Situationsanalyse im Gespräch mit dem musikpädagogischen Kollegium ergab, dass nicht wenige Menschen am Instrument Schwierigkeiten mit dem korrekten Lesen der Notenschrift haben. In diesem Fall wurde ein besonderes Augenmerk auf das Problem „Notenlesen und die nicht vorhandene Verknüpfung mit der inneren Tonvorstellung" gelenkt und damit ein ganzheitlicher Ansatz des Verstehens angesprochen, der im institutionell geprägten wöchentlichen Unterricht oftmals zu kurz kommt.

Zu (3): Lehren ist kein Prozess des Gebens (und Lernen damit des Nehmens), sondern geschieht auf Augenhöhe. Durch die Weitergabe von Anleitungen oder Rezepten zum Tun kann der Prozess des Lernens nur angestossen, aber nicht bestimmt oder kontrolliert werden; Ziel ist immer die Selbstermächtigung der Lernenden. Zum Beispiel wurde auch die lehrende zur lernenden Person – wie im Praktikumsfall, als bei Problemen mit dem Videoschnitt hilfreiche Anleitungen in Form von Videotutorials auf YouTube konsultiert wurden.

Zu (4): Die fünf geforderten Phasen professionellen Handelns nach Nieke (2002, S.22-23) von Zielsetzung, Planung über Analyse der Handlungssituation und der Durchführung bis hin zur Evaluation wurden durch die Kopplung der Praktikumsarbeit an ein Projektmanagementmodell, in diesem Fall das DO-ID-Modell (Kapitel 2.2), durchlaufen. Durch eine intensive Literaturrecherche und die Anwendung neuer digitaler Techniken und Medien wurde die Forderung nach Aktualisierung des erfoderlichen Handlungs- und Situationswissens (Nieek, 2002, S.22) in die Tat umgesetzt.

2.5 Evaluation und Qualitätsmanagement

Im Folgenden soll die unter 2.2.5 beschriebene Evaluationsmethodik theoretisch fundiert und gegenüber Qualitätsmanagement (QM) abgegrenzt werden. QM wird nach Juran und Seghezzi betrieben, um „den Nutzen eines Produkts/einer Dienstleistung festzulegen, zu gestalten und ständig zu verbessern sowie seine weitgehende Fehlerfreiheit zu gewährleisten" (zitiert in Stockmann 2002, S.4). Evaluation hingegen soll nach Bortz und Döring die „Wirksamkeit einer sozialen Intervention (...) mit den Mitteln der empirischen Forschung" (zitiert in Balzer et al., 1999, S.393) untersuchen. Als Instrument der Planungshilfe und zur Vorbereitung von Entscheidungen mittels Handlungsalternativen hängt Evaluation vom zu evaluierenden Objekt ab. Generell kann gesagt werden, dass QM ein betriebswirtschaftlicher Ansatz ist und heute in vielen Unternehmen eingesetzt wird. Dabei stehen Wirtschaftlichkeit von Produkten und Dienstleistungen im Sinne ökonomischer Ziele und Kundenorientierung im Vordergrund. Evaluation hingegen entstand für Projektbeurteilungen im öffentlichen Sektor und stellt andere Interessen als die rein ökonomischen in den Vordergrund (Stockmann, 2002, S.26). Im vorliegenden Projekt liegt die Entscheidung für Methoden aus dem Bereich der Evaluation nahe, da keinerlei ökonomische oder finanzielle Interessen verfolgt werden. Es sind hier Kriterien der Zweckmäßigkeit (Harvey & Green, 2000, S.23-28), sowohl aus Konsumentensicht (die Lernenden), als auch aus institutioneller Sicht (das anbietende Musikinstitut) am besten geeignet. Ebenso soll die Dimension der Transformation im Sinne des zu erwartenden Lernprozesses als verändernde Erfahrung für die Lernenden eine Rolle spielen (Harvey & Green, 2000, S.31-34). Die Evaluation des Praktikumsprojektes wird in Kapitel 2.2.5 im Zuge der letzten Stufe des PM-Modells beschrieben.

3 Blog - Reflexion

Die FernUniversität Hagen (2017a, S.21) sieht während des Praktikumssemesters das Führen eines Lerntagebuchs in Form eines Weblogs auf Mahara vor. Dies soll durch eine vertiefte Auseinandersetzung mit den Lerninhalten die reflektierende Dokumentation dahingehend vorbereiten, dass der Blog als e-Portfolio im Sinne einer Materialsammlung genutzt wird. Ebenso sollen Studierende mit dem Blog als wissenschaftliches Kommunikationsinstrument vertraut werden und sich die dafür benötigte Medien- und Kommunikationskompetenz erwerben.

Ein Weblog (kurz: Blog) ist eine Themensammlung mit chronologisch fortlaufenden Beiträgen über ein Content Management System. Darüber können Wortbeiträge, aber auch verschiedene eingebundene Medienformate wie Videos, Grafiken oder Audiodateien verlinkt und mit Schlagworten versehen werden (Arnold, Kilian, Thillosen & Zimmer, 2011, S.175). Nutzende können den Blog abonnieren und werden so über Aktualisierungen, die jeweils an oberster Stelle der Blog-Website auftauchen, informiert. Die Blog-Betreibenden (Blogger) vernetzen sich zum Austausch in Interessensgruppen; somit werden Weblogs zu sozialen Medien (Arnold et al., 2011, S.176). Röll (2005, S.14-16) unterscheidet drei Nutzungsarten bei der Lernreflexion über Weblogs: als Informationsspeicher (1), als Reflexionsmedium (2) und als Diskursmedium (3). Für die vorliegende Praktikumsbegleitung waren alle drei Nutzungsarten von Bedeutung; gerade zu Beginn des Prozesses half die chronologische Niederschrift dabei, Material zu den einzelnen Themenfeldern zu sammeln. In der Reflexionsphase war die zeitliche Abfolge eine Gedankenstütze im Sinne eines roten Fadens, um den Überblick nicht zu verlieren. Waren die ersten Einträge eher von persönlichen Erfahrungen und Problemen im Rahmen des Praktikums geprägt, wurden später zunehmend mehr theoretische Hintergründe miteinbezogen. Dies bedeutete aber auch für den Diskurs (3), dass er gegen Ende der Blogphase spärlicher wurde – je tiefer die einzelnen Blogger der studentischen Gemeinschaft in diesem Modul in ihre Materie einstiegen, umso schwerer war es, die jeweiligen Gedankengänge nachzuvollziehen, so dass sich das gegenseitige Feedback oft nur zwischen wenigen Community-Mitgliedern, die ihr Praktikum oder die unterstützenden PM-Modelle thematisch ähnlich gewählt hatten, abspielte. Insgesamt war die Auseinandersetzung mit dem Bloggen in dieser Intensität eine neue Erfahrung, die zu weiterer Auseinandersetzung mit diesem Medium einlädt. Allerdings erwies sich die Software Mahara im Vergleich mit anderen Blogplattformen (z.B. Wordpress) als etwas umständlich in der Handhabung uns zeitweise als technisch anfällig, was auch die zahlreichen Posts in Mahara, aber auch in moodle, zu dieser Thematik zeigen. Für die Fehlerbehebung bot die studentische Zusammenarbeit jedoch wesentliche Unterstützung.

4 Fazit

Die in dieser Arbeit beschriebene eigenständige Planung, Durchführung und Evaluation des Videoprojekts „Notenlesen leicht gemacht" verband die praktische Arbeit im Bereich der didaktischen Mediengestaltung mit den theoretischen Grundlagen von Projektmanagement, multimedialer Gestaltung, Motivation und Evaluationsmethodik. Als grundlegender Einstieg in die Handlungsweisen zukünftiger beruflicher Anforderungen legte diese intensive Beschäftigung mit multimedialem Lernen die Basis für weitere Vorhaben in diesem pädagogischen Bereich. Es kann ein erheblicher Zuwachs an medientechnischer Kompetenz festgestellt werden, z.b. im Umgang mit Videoschnitt oder mit Blogsystemen.

Die Arbeit am Praktikumsthema bot neben Freude an der Materialerstellung vor allem die Erfahrung von Selbstermächtigung, z.b. bei der selbständigen Behebung technischer Probleme oder nach erfolgreichem Hochladen der Videoserie.

Die Erfahrungen aus dem Praktikumsmodul und die positiven Rückmeldungen auf die erstellten Bildungsmaterialien waren dann auch Motivatoren zur Teilnahme an einer zusätzlichen Ausbildung zur OER-Fachexpertin. Es kann also gesagt werden, dass das Praktikum auch der Schärfung des eigenen Profils und der Klärung von beruflichen Richtungsentscheidungen diente. Die hierbei erworbenen Kompetenzen und Fähigkeiten ermöglichen dabei den Berufseinstieg.

Literaturverzeichnis

Amasreiter, P., (2017). *Notenlesen leicht gemacht, Teil 1.* https://www.youtube.com/watch?v=G_hVa32AQoo (abgerufen 17.12.17).

Amann, R., Franzreb , D., Gewald , H., Jacob, O., Reisach , U., & Weilemann, M. (2015). *HNU e-Learning Modell.* HNU Working-Paper Nr.34, 03/2015, Hochschule für Angewandte Wissenschaften, Neu-Ulm.

Arnold, P., Kilian, L., Thillosen, A., Zimmer, G. (2011). *Handbuch E-Learning. Lehren und Lernen mit digitalen Medien* (2., erw. Auflage) Bielefeld: wbv.

Balzer, L.; Frey, A. & Nenniger, P. (1999). Was ist und wie funktioniert Evaluation? In *EMPIRISCHE PÄDAGOGIK. Zeitschrift zu Theorie und Praxis erziehungs-wissenschaftlicher Forschung.* 1999, 13 (4), S. 393-413.

CC Creative Commons (2017a). *CC0 1.0 Universell (CC0 1.0). Public Domain Dedication.* https://creativecommons.org/publicdomain/zero/1.0/deed.de (abgerufen 17.12.17).

CC Creative Commons (2017b). *Namensnennung 2.0 Deutschland (CC BY 2.0 DE).* https://creativecommons.org/licenses/by/2.0/de/ (abgerufen 17.12.17).

Chandler, P. & Sweller, J. (1991). Cognitive Load Theory and the Format of Instruction. In *COGNITION & INSTRUCTION* (1991), 8(4), 293-332, Lawrence Erlbaum Associates, Inc.

FernUniversität Hagen. (2017a). Modulhandbuch Sommersemester 2017. Zugriff am 11.01.2018. Verfügbar unter http://www.fernuni-hagen.de/KSW/portale/babw/wpcontent/uploads/sites/3/2015/06/Modulhandbuch-BA-Bildungswissenschaft-WS-17_18.pdf

FernUniversität Hagen. (2017b). Studienordnung für den Studiengang „Bildungswissenschaft" mit dem Abschluss „Bachelor of Arts (B.A.)". Zugriff am 11.01.2018. Verfügbar unter http://www.fernuni-hagen.de/KSW/download/ordnungen/aktuell/sto_babw.pdf

Harvey, L.; Green, D.; (2000). Qualität definieren. Fünf unterschiedliche Ansätze. In Helmke, A.; Hornstein, W.; Terhart & E.; [Hrsg.]. *Qualität und Qualitätssicherung im Bildungsbereich; Schule, Sozialpädagogik, Hochschule.* Weinheim : Beltz 2000, S. 17-39. - (Zeitschrift für Pädagogik, Beiheft; 41) urn:nbn:de:0111-opus-84835

Keller, J. (2010). *Motivational Design for Learning and Performance: The ARCS Model Approach.* Heidelberg: Springer.

Klebl, M., (2016). Zero-Cost, Low-Tech und Low-Budget im E-Learning. In Klebl, M., Ludwig, J., & Petersheim, A.K. *Gestaltung und Umsetzung kollaborativer und integrierter Lernszenarien,* 166-183. Hagen: FernUniversität in Hagen, Fakultät für Kultur- und Sozialwissenschaften. Studienbrief 33077.

Kommission der Europäischen Gemeinschaften 2000: Memorandum über Lebenslanges Lernen, SEK (2000) 1832, Brüssel. Abgerufen 11.01.2018, von https://www.hrk.de/uploads/tx_szconvention/memode.pdf

Mayer, R.E. & Moreno, R.; (2003). *Nine Ways to Reduce Cognitive Load in Multimedia Learning.* EDUCATIONAL PSYCHOLOGIST, 38(1), 43–52. Lawrence Erlbaum Associates, Inc.

Niegemann, H. M. (2004). *Modelle des Instruktionsdesigns. Zu Möglichkeiten und Grenzen didaktischer Hilfestellungen.* In: Rinn, U.; Meister, D. M. (Hrsg.): Didaktik und Neue Medien. Konzepte und Anwendungen in der Hochschule. Münster: Waxmann, 102-122.

Niegemann, H. M. et al., (2008). *Kompendium Multimediales Lernen.* Berlin: Springer. (X.media.press)

Niegemann, H.M.; Schatta, A. & Müller, C. (2016) *Planung und Managementvon Medienprojekten.* Hagen: FernUniversität in Hagen. Fakultät für Kultur- und Sozialwissenschaften. Studienbrief 33078.

Nieke, W. (2002). Kompetenz. In Otto, H.U., Rauschenbach, T. & Vogel, P. (Hrsg.), *Erziehungswissenschaft: Professionalität und Kompetenz* (S. 17-23). Opladen: Leske und Budrich. https://moodle2.fernunihagen.de/pluginfile.php/59990/mod_resource/content/4/Text%20Nieke%20Kompetenz.pdf [17.12.2017].

Röll, M. (2005). *Corporate E-Learning mit Weblogs und RSS.* Abgerufen am 31. 01. 2016 von http://www.roell.net/publikationen/roell05-elearning-weblogs-rss.pdf

Stockmann, R.; (2002). *Qualitätsmanagement und Evaluation - konkurrierende oder sich ergänzende Konzepte?* Universität des Saarlandes, Fak. 05 Empirische Humanwissenschaften, CEval – Centrum für Evaluation (Hrsg.). Saarbrücken, 2002 (CEval-Arbeitspapier 3). URN: http://nbn-resolving.de/urn:nbn:de:0168-ssoar-195780 (abgerufen12.12.17)

21

Anhangsverzeichnis

Anhang A:

Abb. A1: Screenshot aus der Videoserie „Notenlesen leicht gemacht" Teil 1
verfügbar unter https://www.youtube.com/watch?v=4h1gzz7Bfmc

Anhang B:

Tab. B1: Tabellarische Auswertung der Befragung; eigene Darstellung, 2017

Bewertungs- kriterien	Angaben befragter Personengruppen :		
	(A) aktiv Musi- zierende	(B) nicht (mehr) aktiv Musizierende	(C) Musik Vermittelnde
Technische Umsetzung	Eigenes Instru- ment besser ge- eignet als Tas- tensimulator	Hyperlinks zu den Hilfsmedien nicht je- derzeit klar erkenn- bar/erreichbar	Tonaufnahmen zu leise bzw. indirekt (Mikro- fonabstand) Mehr als zwei geöffnete Bildschirmfenster sind unübersichtlich
Verständlich- keit	gut	Sprechtempo manch- mal zu hoch	Natürliche, sympathi- sche Ansprache; deutliche Sprechstimme
Didaktische Umsetzung	Farbklavier hilf- reich	Auch ohne Erfahrung am Instrument nach- vollziehbar	Zusatzmaterial ausla- gern wäre besser
Thematische Zerlegung	Überspringen von Sequenzen nicht möglich	Steigerung im Schwie- rigkeitsgrad	Logischer Aufbau
Motivation	Auch Musikthe- orie kann Spaß machen Aha-Effekt stellt sich ein	Motiviert, das Instru- ment wieder auszupa- cken Wiederholung verges- sen geglaubter Inhalte	Einblendung der Person fördert Kontakt und Mo- tivation Medium spricht auch jüngere Nutzerschichten an

Tonleiter in Stufen

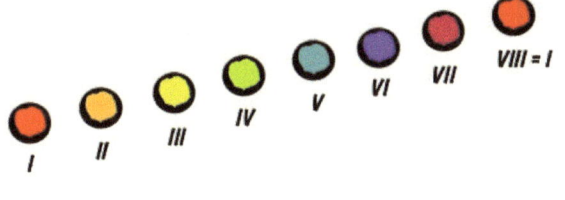

Abb. C1: Farbtafel „Tonleiter in Stufen"; eigene Darstellung, 2017

Rätsel

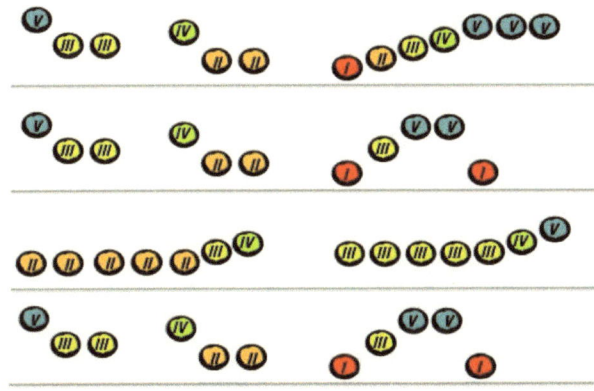

Abb. C2: Farbtafel „Notenrätsel"; eigene Darstellung, 2017

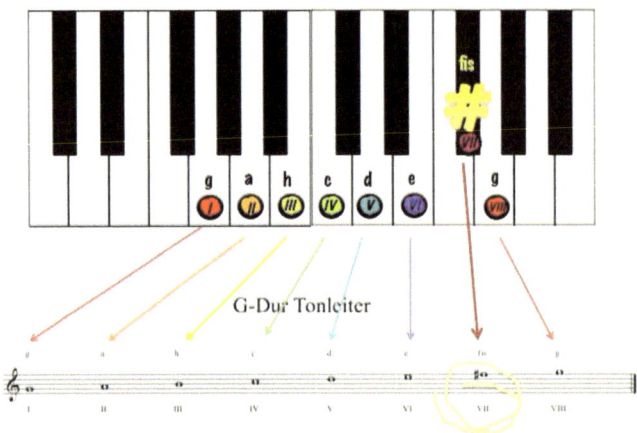

Abb. C3: Farbtafel „Vorzeichen Fis"; eigene Darstellung, 2017